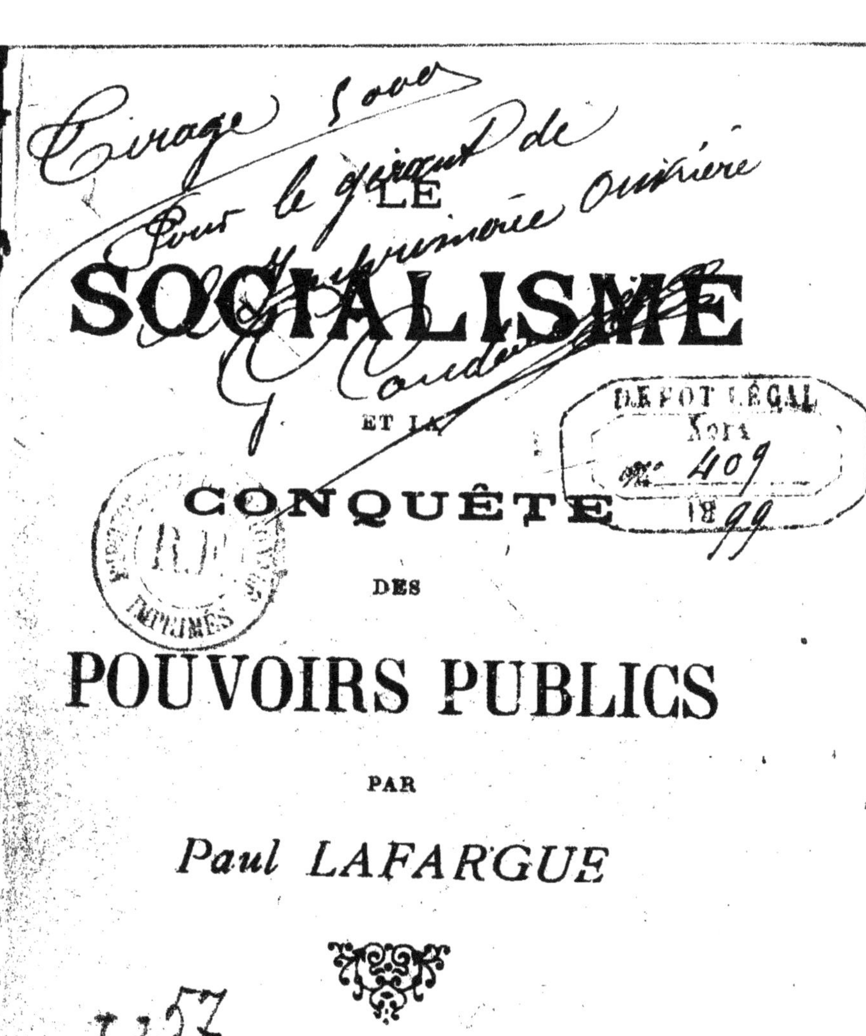

LE SOCIALISME

ET LA

CONQUÊTE DES POUVOIRS PUBLICS

PAR

Paul LAFARGUE

LILLE
ouv., P. Lagrange, 28, rue de Fives
1899

LE SOCIALISME et la Conquête des Pouvoirs Publics

I

Signification de l'entrée de Millerand dans un Ministère

Le socialisme, en France et en Europe, sous l'impulsion de l'Internationale et des événements économiques et politiques, a pendant ces quarantes dernières années, profondément modifié ses théories et sa tactique.

Thiers et les hommes d'état, jusqu'à tout récemment, prenaient le socialisme pour une simple expression sentimentale de la misère sociale, inoffensive tant qu'il se bornait à l'élaboration de cités utopiques, mais dangereuse dès qu'il essayait de sortir des régions nuageuses de l'idéalisme : ses explosions incohérentes et désordonnées, qui menaçaient de détruire la civilisation, devaient être noyées dans le sang, comme l'avaient été dans l'antiquité et le moyen âge les révoltes des misérables, qui ne se soulevaient que pour en finir avec leur intolérable situation, bien que, à plusieurs reprises, ils eussent rêvé une refonte utopique de la société.

Le socialisme de notre époque est devenu dans les pays à civilisation capitaliste un parti de classe, luttant pour s'emparer de la direction politique et économique de la société, non parce que les salariés sont misérables, mais parce que parmi eux se rencontrent les travailleurs capables de produire et d'administrer la richesse sociale et de continuer l'œuvre du progrès humain.

Le socialisme, en désertant les voies de l'utopie et du sentimentalisme pour devenir un parti de classe et prendre part aux luttes quotidiennes de la vie politique et économique, devait se tracer une ligne de conduite et se créer une tactique modifiable au fur et à mesure de son développement et de l'élargissement de son champ d'action.

La tactique du socialisme, parti de classe, n'est donc pas et ne peut pas être immuable comme la Justice éternelle de l'idéalisme bourgeois. Le Congrès d'Epernay affirme ce caractère dans la résolution où il définit la tactique qui, jusqu'à ce jour, a conduit les troupes socialistes à l'assaut des pouvoirs publics de la société capitaliste.

« Le Congrès rappelle :

» Que, par conquête des pouvoirs publics, le Parti ouvrier français a toujours entendu l'expropriation politique de la classe capitaliste, que cette expropriation ait lieu pacifiquement ou violemment ;

» Qu'elle ne laisse place, par suite, qu'à l'occupation des positions électives dont le Parti peut s'emparer au moyen de ses propres forces, c'est-à-dire des travailleurs organisés en parti de classe.

» Il laisse, pour l'avenir, au conseil national le soin d'examiner, à l'occasion et selon les circonstances, si, sans quitter le terrain de la lutte de classe, d'autres positions peuvent être occupées. »

La situation politique en France réclame-t-elle l'abandon de la tactique suivie jusqu'à ce jour ? Y a-t-il intérêt pour le socialisme français d'adopter une nouvelle tactique ? Jamais, en aucun pays, les socialistes ne se sont posé de telles questions.

L'entrée de Millerand dans le ministère Waldeck-Rousseau, qui aurait pu être considérée comme un accident trouvant son explication dans des circonstances politiques exceptionnelles, est au contraire envisagé par les indépendants comme le point de départ d'une tactique nouvelle. Les socialistes et les indépendants réunis en un congrès général auront à se prononcer sur cette question, qui intéresse le socialisme international ; car l'on peut entrevoir que dans un avenir prochain, les socialistes des autres pays se trouveront en présence d'une difficulté pareille. On doit donc pour l'étudier dépersonnaliser la question, écarter le cas particulier de Millerand et se demander, comme le veut Jaurès, un socialiste peut-il participer à un gouvernement bourgeois ?

***

Il s'est passé, durant ces dix dernières années, des faits d'une importance historique considérable ; par deux fois, les Bourgeois républicains ont fait appel aux socialistes pour sauver la République compromise par leurs fautes politiques, leur lâcheté, leurs concussions et dilapidations et leur impuissance réformiste.

Les socialistes, que toutes les fractions de la bourgeoisie républicaine mettaient hors du parti républicain, que tous les journaux républicains insultaient et calomniaient outrageusement, que tous les ministres opportunistes et radicaux faisaient traquer par leur police et condamner par leurs magistrats, répondirent à l'appel et firent face au péril boulangiste. Les uns se liguèrent avec les Constans, les Clémenceau, les Guyot et les Trarieux de la rue Cadet ; les autres, ne voulant aucune compromission, entrèrent dans la lutte sous leur propre drapeau, combattant à la fois Boulanger et les républicains opportunistes et radicaux, auteurs responsables de la crise. Nous étions de ceux-là. Millerand était alors avec nous pour déclarer : ni Constans, ni Boulanger.

Le péril passé, les républicains bourgeois nous témoignèrent leur reconnaissance en recommençant avec une nouvelle ardeur les poursuites policières et judiciaires et en reprenant les insultes et les calomnies un instant suspendues : ils devinrent même plus acerbes et plus canailles. C'est en effet après la crise boulangiste que, d'accord avec les antisémites et les nationalistes, ils organisèrent contre nous la campagne des sans-patrie, pour perdre le Parti socialiste dans l'opinion publique ; c'est sous le ministère Loubet que Liebknecht, délégué au Congrès de Marseille, dénoncé par les Millevoyes du patriotisme, dut précipitamment nous quitter, pour épargner au gouvernement de la République le déshonneur de l'expulser de cette France, pour qui il avait souffert des années de forteresse.

La République bourgeoise est si imbécilement gouvernée, qu'elle ne sort d'une crise que pour tomber dans une autre : au péril boulangiste succéda à brève échéance, à propos de l'Affaire Dreyfus, le péril clérico-militariste. Les généraux et les officiers qui filent si doux quand un supérieur les cravache, se mutinent contre la République, et les jésuites, depuis le procès Zola, s'étaient emparés de la rue avec leurs équipes de camelots, leurs élèves et leurs gommeux : les républicains bourgeois firent de nouveau appel aux socialistes pour reconquérir la rue et pour venger l'insulte au premier magistrat de la République.

Les deux crises que vient de traverser la République bourgeoise démontrent que les républicains, malgré les baïonnettes des soldats, les casse-têtes des policiers et les condamnations des magistrats, ne peuvent rester au pouvoir que si les socialistes les y maintiennent. Gambetta l'avait pressenti. quand il disait : « on ne gouverne pas contre Paris ». Il apprit à ses dépens toute la vérité de son axiome politique, dont la portée s'est généralisée depuis que les grandes villes, travaillées par les propagandistes, vibrent à l'unisson du Parti socialiste.

M. Waldeck-Rousseau, qui fut un des plus habiles lieutenants de Gambetta, précisément parce qu'il a essayé d'organiser la ligue du grand patronat contre le socialisme, en apprécie la force et c'est pour cela qu'il lui a fait une place dans son ministère. Le coup est hardi : le *Temps* et les *Débats*, qui représentent si exactement la conscience capitaliste. en frémissent encore.

Le fait est considérable ; il a eu un grand retentissement qui ira se prolongeant et se répercutant dans les masses profondes du populaire de France et des autres pays.

Les socialistes, qu'on a dépeint comme des partageux, des gens de sac et de corde, des sans-patrie, des imbéciles, qu'on a emprisonné pour avoir prêché le meurtre et le vol, on les appelle pour sauver la République ; c'est l'un d'eux que l'organisateur du grand patronat choisit pour défendre l'ordre bourgeois. Quel éclair illuminant un nouvel horizon à la pensée populaire !

Le terroriste russe au fond de son cachot de Sibérie en apprenant cette nouvelle, dira : il y quelque chose de changé dans le monde !

Je comprends, et qui comprend excuse, les socialistes qui dans le premier mouvement d'emballement et sans réfléchir aux désastreuses conséquences de l'acte de Millerand ont crié : haro ! contre les vieux compagnons de lutte qui le dénonçaient et lui ont envoyé leurs chaudes félicitations. Mais je ne donne pas deux ans à ces camarades, non pour regretter les ordres du jour qu'ils ont lancés contre nous, mais pour reconnaître que nous avons été des pilotes vigilants et que nous avions raison de crier : casse-cou !

Il y a, en effet. quelque chose de changé dans le monde : Ces socialistes qui, il y a vingt ans, n'étaient qu'une poignée de sectaires et d'énergumènes, sont devenus une puissance, une force que le Gouvernement veut enrôler à son service pour maintenir la dictature sociale de la classe capitaliste. Les bourgeois, pour mater l'énergie révolutionnaire des ouvriers, les ont grisés depuis un siècle avec leurs principes éternels de Liberté, de Justice, de Patrie, etc., et pour assoupir leurs misères et leurs douleurs, ils les ont chloroformisés avec la coopération, avec la participation aux bénéfices et autres réformes philanthropiques. Mais les principes éternels et le sentimentalisme philanthropique n'ont plus de prise sur le socialisme moderne ; il faut recourir à d'autres moyens pour le domestiquer et lui arracher ses dents et ses griffes.

L'habile Waldeck-Rousseau a recouru au procédé du gouvernement provisoire de 1848, qui avait introduit dans son sein le socialiste Louis Blanc et l'ouvrier Albert.

La tactique est périlleuse. Elle a pleinement réussi en 1848 : Louis Blanc, avec ses conférences au Palais du Luxembourg, endormit la fougue révolutionnaire des socialistes, tandis que les bourgeois républicains faisaient venir d'Afrique le général Cavaignac et préparaient les massacres de juin. Mais les temps sont changés ; le socialisme couvre une trop grande surface du pays, il est devenu trop conscient de sa mission pour être ainsi dupé, dompté et jugulé.

L'entrée de Millerand au ministère, c'est la reconnaissance officielle de la puissance du Parti socialiste, de sa capacité de fournir des hommes pouvant administrer les affaires de la nation : certes, on avait déjà le fait des Dormoy, des Delory, des Carrette, des Flaissières, des Augé, des Ferroul, administrant les grandes villes de France ; mais l'exemple de Millerand partant de plus haut, du faîte gouvernemental, descendra plus profondément dans les masses populaires. Un jour, les socialistes révolutionnaires en récolteront les fruits.

Quand éclata le dix-huit mars, j'étais en province et je fus témoin de la stupeur qu'il produisit même parmi les hommes les plus avancés, qui maudissaient Thiers et les Favre et les Ferry de la Défense nationale ; ils se demandaient avec inquiétude : qui sont Varlin, Tridon, Malon, Franckel ? d'où viennent ces hommes nouveaux, ces inconnus ? sont-ils capables de gouverner et d'administrer la France ? Vienne une autre commotion jetant à bas les gouvernants bourgeois et portant au pouvoir les socialistes, et jusque dans les plus petits villages on sera convaincu que le parti socialiste peut prendre la direction des affaires sociales. Cette confiance, c'est le succès de la prochaine révolution.

Le parti socialiste est parvenu à ce point de développement que ce qu'on tentera contre lui par la force ou par la ruse, tournera à son avantage ; mais pour qu'il tire tout le profit des fautes de ses ennemis, les militants doivent être plus que jamais conscients des dangers de la situation et méfiants des pièges qu'on va leur tendre.

La crise boulangiste a ruiné le parti radical ; les ouvriers, lassés d'attendre les réformes qui s'éloignaient à mesure que les radicaux arrivaient au pouvoir, dégoûtés de leurs chefs qui ne prenaient les ministères que pour faire pire que les opportunistes, se débandèrent ; les uns passèrent au boulangisme, c'était le grand nombre, ce furent eux qui constituèrent sa force et son danger : les autres s'enrolèrent dans le socialisme.

Le parti radical est mort avant d'avoir réalisé les réformes les plus urgentes de son programme.

Nos gouvernants bourgeois étant les plus réactionnaires et les plus imprévoyants qui existent au monde, les plus insignifiantes réformes n'ont pu être obtenues qu'à coups de révolutions et de crises succédant aux crises, jusqu'à la débâcle.

Les réformes les plus simples, réalisées depuis longtemps dans d'autres pays, sont à attendre leur tour. L'interdiction du travail de nuit aux femmes, imposée en Angleterre à l'ogre capitaliste depuis près d'un demi-siècle, n'a été votée que dernièrement, après avoir fait pendant plus de dix ans la navette entre la Chambre et le Sénat. L'inscription dans les contrats des communes et de l'Etat de clauses protectrices du travail et du salaire des ouvriers, en vigueur en Angleterre, en Hollande, en Belgique, en Suisse et aux Etat-Unis, ainsi que le constate un remarquable rapport du citoyen Finance, du Bureau du Travail, ne peut être pratiquée que depuis l'entrée de Millerand dans le ministète.

Ces réformes, promises par les radicaux, réalisables dans notre milieu social parce qu'elles ne compromettent pas l'exploitation capitaliste, sont attendues avec impatience et seront accueillies avec joie ; elles aideront le mouvement socialiste, en augmentant la force de résistance de la classe ouvrière, et il n'y a plus de parti radical pour les accomplir.

L'impérieux besoin de ces réformes et l'effondrement du parti radical sont les causes qui ont déterminé les syndicats ouvriers et beaucoup de socialistes à saluer de leurs applaudissements l'entrée de Millerand dans un cabinet ministériel.

Si l'admission de Millerand dans le ministère prouve la force du Parti socialiste, que Waldeck-Rousseau a voulu se concilier par cette concession ; l'accueil que cette admission a reçu dans la classe ouvrière démontre la possibilité de la formation d'un parti réformiste qui recueillirait les débris du radicalisme et qui enrôlerait les indépendants, les sociologues universitaires et tous ceux qui comme les Fabiens de Londres ne sont préoccupés que de résultats immédiats : les indépendants infuseraient au radicalisme épuisé un sang nouveau et les quelques idées socialistes qu'ils ont acquises au contact des militants du socialisme. Si je ne me trompe, Millerand a eu en tête la formation de ce nouveau parti ministériel quand il a formulé le programme de St-Mandé ; mais par amitié pour Jaurès, il s'est laissé entrainer par sa fougue enthousiaste ; aujourd'hui il s'est ressaisi et c'est lui qui influence Jaurès.

Le socialisme n'aurait qu'à gagner à la création de ce parti gouvernemental ; il lui épargnerait les conflits et les désordres qu'engendrerait dans son sein, l'enrôlement des indépendants réfractaires par nature et habitude à toute organisation et il déblaierait le terrain politique de ces réformes qui entravent son action en détournant la classe ouvrière de son but révolutionnaire.

Le parti socialiste ne marchanderait pas son appui à ce parti réformiste : on se souvient comment il crut devoir soutenir le ministère Bourgeois, qui, cependant, débuta par le maintien à Carmaux des forces policières et militaires dont la présence encouragea Rességuier à la résistance et dont le terrorisme obligea les grévistes à capituler.

Le parti socialiste, en ne s'inféodant pas au gouvernement, aura plus de chance de lui arracher des réformes, que si un de ses élus y participait, car les ministres, pour conserver leur portefeuille, sont plus disposés à faire des concessions à des adversaires qui prêtent conditionnellement leur appui, qu'à des amis dévoués.

II

Le Socialisme et le Parlementarisme

Le Parlementarisme est la forme gouvernementale que revêt la dictature sociale de la classe capitaliste, et le libéralisme est le masque qui cache cette brutale domination. Tout est libre dans la société capitaliste, depuis les contrats de travail entre patrons et salariés, jusqu'à la formation des ministères qui gouvernent la nation ; et partout la liberté n'est qu'un trompe l'œil. Les ministres sont aussi soumis à la volonté des capitalistes, représentés par la majorité parlementaire, que les salariés aux employeurs. La bourgeoisie ne tolère que les gouvernements qui servent ses intérêts ; elle a renversé successivement, en 1830 et en

1848, les monarchies constitutionnelles de Charles X et de Louis Philippe, et, en 1870, l'empire plébiscitaire de Napoléon III, qui avaient cessé de répondre à ce qu'elle attendait d'eux.

La bourgeoisie, sous la Monarchie, l'Empire et la République, a monopolisé le pouvoir : jusqu'en 1848, elle en écartait cyniquement le prolétariat par le suffrage restreint ; même pendant sa grande Révolution, toutes les assemblées parlementaires étaient élues au suffrage restreint ; aussi, elles n'étaient composées que d'avocats, de médecins, d'industriels, de commerçants et de propriétaires fonciers qui ne légiferaient que dans l'intérêt exclusif de la classe possédante.

Le suffrage universel, accordé par surprise le lendemain de 1848, épouvanta Thiers et les politiciens.

Ils essayèrent de le mutiler. Louis Bonaparte pour courtiser le peuple que les républicains avaient massacré aux journées de Juin, prit sa défense. Les bourgeois, revenus de leurs craintes, s'aperçurent que le suffrage universel, loin de nuire à leur domination de classe, servait au contraire à le masquer, en lui enlevant le caractère brutal qu'elle avait avec le suffrage restreint. Les assemblées parlementaires, élues par le suffrage universel, continuèrent à être composées de députés dévoués à leurs intérêts comme du temps que le corps électoral ne comptait que 200.000 votants. Ce n'est que dans ces dernières années, après que les socialistes eurent enseigné aux prolétaires le maniement du suffrage universel, que des représentants de la classe ouvrière ont pu pénétrer dans les parlements, dont l'immense majorité est demeurée la servante de la classe capitaliste. C'est cette majorité qui choisit et soutient les ministres, qui vote les lois et les budgets, qui répartit les impôts, qui met au pillage le Trésor pour subventionner les entreprises bourgeoises, qui lance la France dans des expédition coloniales, pour développer l'industrie et le commerce capitalistes, et qui emploie les forces répressives (armée, magistrature et police) pour courber la classe ouvrière sous le joug économique et politique du capital.

Même les réformes qui avantagent les salariés ne so t réalisées par la majorité parlementaires que lorsqu'elles ne nuisent pas à l'exploitation capitaliste, ou lorsqu'elles lui servent. Par exemple, les lois limitant le travail des enfants n'ont été votées que sur les réclamations des Dollfus et des fabricants de l'Alsace, qui constataient que la féroce exploitation de l'enfance ne livrait aux industriels que des adultes ruinés de santé et incapables de travail. La sollicitude que les parlements de toutes les nations à civilisation industrielle témoignent pour l'éducation populaire n'a pour unique mobile que le besoin qu'ont les capitalistes d'ouvriers instruits pour diriger leurs ateliers, conduire leurs machines délicates et abaisser le prix des salariés intellectuels.

Les capitalistes, quoi que unis en une classe par des intérêts communs, sont cependant divisés en sous-classes, en catégories (financiers, grands et petits propriétaires fonciers, grands et petits industriels, etc.) dont les intérêts sont opposés : les députés, d'après la catégorie capitaliste à laquelle ils sont inféodés, se groupent en partis parlementaires, et c'est sous la forme de luttes politiques que s'entrechoquent dans le Parlement les intérêts opposés des différentes catégories capitalistes. Mais, si un parti parlementaire au pouvoir sert plus spécialement les intérêts du groupe capitaliste qu'il représente, il ne néglige pas pour cela les intérêts qui sont communs à tous les capitalistes. Depuis la fondation de la troisième République, les monarchistes, les modérés, les opportunistes et les radicaux se sont succédés au pouvoir, favorisant les intérêts de telle ou telle catégorie capitaliste ; mais tous, sans hésitation, ont mis les forces répressives de l'Etat au service du Capital contre le Travail ; tous ont lancé les policiers, les soldats et les magistrats contre les grévistes, sous le fallacieux prétexte de protéger la li erté du travail.

Dans tout gouvernement parlementaire, que le chef de l'Etat soit armé du droit de veto, comme le président des Etats-Unis, ou qu'il soit un personnage décoratif, roi ou président, comme en Belgique, en Angleterre et en France, c'est la classe capitaliste qui gouverne : les ministres sont des commis qui, sous le contrôle des députés et des sénateurs, sont uniquement occupés à servir ses intérêts.

*
* *

Le Parti socialiste n'est pas et ne peut devenir un parti parlementaire, puisque le parlementarisme est la forme gouvernementale spécifique de la classe capitaliste. Mais, bien qu'il ait pour mission d'abolir le parlementarisme, il est cependant forcé de se servir des moyens qu'il lui offre pour s'organiser et battre en brèche la puissance politique du capital : c'est ainsi que, destiné à supprimer la guerre, il sera cependant obligé d'employer les canons et les fusils pour accomplir la révolution sociale.

Le Parti socialiste, quoi que n'étant pas un parti parlementaire, a donc été amené, par la force des circonstances, à avoir une action parlementaire qui s'exerce au dehors du Parlement et dans le Parlement.

Il a dû prendre part aux élections, qui sont les périodes gestatrices des parlements, parce qu'elles sont des plus propices à la propagande. Le socialiste rencontre alors devant lui un auditoire et des contradicteurs nouveaux ; il a parfois la chance d'engager la discussion avec des chefs bourgeois qui, en temps ordinaire, le fuient comme la peste, et de les battre devant des personnes à qui la presse bien pensante représente le socialiste comme un imbécile ou un criminel.

Les élections sont la lutte légale ; le Parti socialiste s'en sert pour commencer, même en pleine période capitaliste, l'expropriation politique de la classe bourgeoise. Elles lui fournissent une excellente occasion de mobiliser ses hommes et de leur faire donner la mesure de leur intelligence, énergie et dévouement. Il n'existe pas en France un autre parti qui possède ces qualités au même degré : le nombre des propagandistes qui se produisent dans les périodes électorales, l'énergie qu'ils dépensent à soutenir le candidat socialiste et les sacrifices qu'ils s'imposent pour le faire triompher est incroyable. J'ai pris part à bien des luttes électorales dans des régions différentes, et toujours j'ai rencontré le même entrain.

Aussi, le parti socialiste est le seul parti qui ne craint pas les défaites, il les courtise même, car, vaincu ou victorieux, il sort de toute période électorale plus riche en hommes et mieux organisé.

L'action électorale du Parti socialiste, même lorsqu'elle aboutit à des défaites, exerce sur la politique parlementaire une influence qui croîtra à mesure qu'elle se généralisera ; car si la crainte de Dieu, au dire des calotins, est le commencement de la sagesse, la crainte des électeurs martèle dans la tête des députés quelques notions de socialisme et les forcera à réaliser les réformes ouvrières possibles dans le milieu capitaliste.

Le Parlement est un admirable champ de bataille pour le Parti socialiste ; jamais il ne sort battu d'aucun des engagements qu'il livre aux représentants de la classe ennemie. Toutes les réformes que ses élus présentent aux votes de la Chambre sont des victoires : si la proposition est adoptée, autant de pris sur l'ennemi, si elle est repoussée, elle désille les yeux des travailleurs qui acceptent aveuglément la direction politique des bourgeois, elle leur apprend à donner le pas à leurs intérêts de classe sur les querelles politiques avec lesquelles les radicaux les amusent.

Le Parlement met à la disposition du député sociali te une tribune du haut de laquelle il peut parler au pays. Le magnifique discours de Guesde sur le collectivisme n'était pas nouveau pour les socialistes ; depuis des années il semait dans les villes et les campagnes les principes collectivistes ; mais le Parlement lui fournit l'occasion rare de les classer et de les condenser pour terrasser les doctrines du capitalisme ; sa parole qui, jusqu'alors, n'était entendue que par les centaines et les milliers d'auditeurs des réunions publiques, fit vibrer des millions de cerveaux dans toute la France.

Les députés socialistes peuvent se servir des luttes qui mettent aux prises les partis politiques du parlement ; ils peuvent en jetant le poids de leurs votes dans un plateau de la balance, renverser ou consolider un ministère.

Les élections de 1893 envoyèrent à la Chambre un nombre suffisant de socialistes pour constituer un groupe capable d'intervenir dans la mêlée parlementaire ; il eut la chance d'avoir deux leaders parlementaires, Jaurès et Millerand, de première force et comme orateurs et comme tacticiens.

Leur entrée en scène, comme leaders du groupe socialiste, fut marquée par d'éclatantes victoires ; au premier engagement ils firent sauter en l'air le ministère du gros Dupuy, que l'on croyait solidement calé ; puis ce fut le tour du ministère Casimir Périer, l'exploiteur d'Anzin, aux cinquante millions, il ne pesa pas lourd dans leurs robustes mains. Quand les républicains bourgeois, épouvantés des progrés du socialisme, crurent trouver dans le petit fils du Périer qui, sous Louis-Philippe, massacra le parti républicain, le président à poigne qui déporterait les militants socialistes, ils acceptèrent la lutte et Casimir Périer vida la présidence déconsidéré et honni.

Les majoritards essayèrent d'interdire la tribune aux députés socialistes, en étouffant leurs voix sous des cris d'animaux et des claquements de pupitre ; à la première tentative, le groupe socialiste leur signifia qu'il ne tolèrerait pas cette mauvaise plaisanterie ; les socialistes huèrent si bien un ministre qu'ils le forcèrent à déguerpir de la tribune. « Chaque fois que vous empêcherez un socialiste de parler, nous rendrons la pareille au premier ministre qui prendra la parole », déclara Rouanet. La leçon porta.

Les socialistes reprenaient en France la tactique qui avait si bien réussi en Angleterre aux députés irlandais, conduits par l'incomparable Parnell. On ne pouvait gouverner sans le consentement du groupe socialiste.

Le groupe socialiste, lors du ministère Bourgeois, donna la mesure de sa puissance et de son imprévoyance : sans exiger aucune garantie, il mit à sa disposition toute son influence dans la Chambre et dans le pays ; il fit voter au pas de course et sans discussion le budget qui, depuis, n'est bouclé qu'après plusieurs douzièmes provisoires, et il fabriqua à Bougeois une popularité comme aucun ministre n'en avait connu depuis longtemps.

Le groupe socialiste a démontré, pendant la législature de 1893, qu'il n'avait pas besoin d'avoir un de ses membres dans le ministère pour diriger la politique du Gouvernement. Les antisémites et les nationalistes, que mènent les jésuites, viennent de répéter l'expérience, sans qu'aucun d'eux ne fut ministre, ils ont fait marcher au doigt et à l'œil les ministères.

Il en est toujours ainsi dans le régime parlementaire ; quand l'opposition est habile et vigoureuse, le Gouvernement ne peut se maintenir qu'en faisant des concessions.

Les camarades qui ont salué avec enthousiasme l'entrée de Millerand dans le ministère Waldeck-Rousseau n'ont pas compris que cette entrée, dont je suis le premier à déclarer qu'elle est la reconnaissance officielle de la force du socialisme, n'est en définitive qu'une concession platonique pour endormir l'ardeur combative du parti socialiste, pour paralyser dans la Chambre et le pays ses attaques contre le ministère et pour lui faire endosser ses fautes et son impuissance réformiste.

Il n'a pas fallu attendre longtemps pour voir se produire cette action paralysante : quelques jours après la formation du ministère. la Chambre discutait les primes à accorder à l'industrie du schiste ; Vaillant propose qu'on n'alloue les subventions qu'aux patrons qui traitent convenablement leurs ouvriers. Millerand déclare qu'il faut d'abord voter l'argent pour les employeurs, et que plus tard on songera au sort des employés. Le devoir des socialistes était tracé : quelques députés socialistes indépendants, n'osant pas repousser la proposition Vaillant, s'abstinrent,

Le ministre socialiste sera forcé d'endosser les fautes commises par le cabinet auquel il appartiendra, car les mesures les plus importantes sont discutées en conseil des ministres et les résolutions qui y sont prises engagent la responsabilité de tous les ministres.

Tous les radicaux entrés dans les ministères de concentration républicaine étaient, par exemple, responsables du maintien d'un ambassadeur auprès du Pape et du budget des cultes, dont ils ne cessaient, depuis des années, de réclamer la suppression dans leurs programmes électoraux. On les accusait de trahison, tandis qu'ils ne faisaient qu'obéir aux nécessités de la fausse situation où ils s'étaient placés. Il en sera de même pour Millerand : l'*Aurore* du 9 août nous apprend que le ministère Waldeck-Rousseau continue, par l'entremise du libre-penseur Lanessan, les scandaleuses faveurs que les ministères précédents distribuaient au clergé qui vient de mettre la République en péril.

L'*Aurore*, qui avait applaudi à l'entrée de Millerand et de Baudin dans le ministère Waldeck-Rousseau, les dénonce dans son numéro du 14 septembre : « Leur mobile en même temps que leur excuse, pour entrer dans le ministère, étaient qu'ils y seraient les garants d'une politique sincèrement républicaine. Ils étaient, ajoutait-on, le contre-poids nécessaire du modérantisme excessif de quelques-uns et du sabre rouge du général Galliffet ». Ce ministère, qui renferme dans son sein deux socialistes, tolère que son représentant à Rennes, le général Chamoin, glisse dans le dossier secret une pièce fausse de du Paty de Clam, et il arrête au Havre les rédacteurs du *Progrès socialiste* et le secrétaire de la Bourse du Travail, après une manifestation pour la Justice et le Droit. « Que pensent de cela les citoyens Millerand et Baudin ? Il ne se peut qu'ils l'ignorent. Ils l'approuvent donc ? Quelle explication donner de leur acquiescement à de tels actes ? Est-ce faiblesse ? Est-ce connivence ? »

Ceux-là mêmes qui accueilleront avec joie les réformes du ministre socialiste, seront les premiers à lui reprocher de prendre, d'accord avec ses collègues, des mesures en complète contradiction avec le programme socialiste. Le ministre socialiste est un homme perdu pour le Socialisme, quoi qu'il fasse.

***

Le mémorable Congrès de Marseille de 1879, qui décida pour la première fois en France l'organisation du prolétariat en parti de classe, déclara qu'il devait prendre part aux luttes politiques. L'année d'après, les socialistes présentèrent à Paris des candidats municipaux contre toutes les fractions du parti républicain ; ils furent battus, vu le petit nombre d'adhérents que comptait le socialisme dans la population parisienne. Aux électionslégislatives suivantes, les socialistes de Roubaix entrèrent dans la lutte électorale avec Guesde pour candidat ; il ne recueilli que quatre cents et quelques voix. A cette époque, on ne récoltait que des défaites honteuses ; (on y allait bravement tout de même, parce qu'on considérait que la période électorale était excellente pour la propagande)

Si dès le lendemain de sa fondation au Congrès de Marseille, le parti socialiste s'est jeté dans la lutte électorale pour commencer légalement l'expropriation politique de la classe capitaliste par les travailleurs organisés, il n'a jamais pensé qu'un de ses élus pouvait entrer dans un ministère. Une telle position ne pouvant être emportée par l'action des travailleurs un socialiste ne peut l'occuper que par la tolérance de la majorité parlementaire, dévouée à la classe capitaliste. Depuis 1879 le parti socialiste n'a pas changé d'opinion.

Millerand, en opposition à la décision prise par le groupe socialiste de la Chambre qui interdisait à un élu socialiste de briguer n'importe quelle place gouvernementale, entre dans le ministère Waldeck-Rousseau, et les indépendants veulent que cet acte individuel en contradiction avec toute la tactique du parti, devienne le point de départ d'une nouvelle méthode d'action ; ils demandent qu'on abandonne la tactique consacrée par les Congrès et la pratique, qui en moins de 20 ans, a fait de la poignée de socialistes de 1879 un parti puissant à qui les républicains bourgeois doivent faire appel pour sauver la République compromise par leurs avortements politiques et leur impuissance réformiste.

Les indépendants qui demandent que l'on change la tactique prétendent que l'entrée d'un socialiste dans un gouvernement bourgeois n'est que le couronnement de la tactique suivie par le parti pour pénétrer dans la Chambre et les autres corps élus. Il est logique qu'un radical bourgeois, accomodé à la sauce de Saint-Mandé, parle de la sorte, mais un socialiste ne peut tenir un tel langage, car il ne saurait y avoir aucune assimilation entre l'expropriation légale de la classe capitaliste d'une position électorale et l'entente et la « pactisation » qu'implique la formation d'un ministère.

Une élection est une lutte pacifique et légale ; le socialiste, avec le soutien de ses correligionnaires, conquiert contre les candidats bourgeois et le gouvernement sa place à la Chambre ou au Conseil municipal ; il y entre avec tout son programme pour continuer sur un autre terrain la lutte contre la classe capitaliste.

Un ministère se constitue après entente entre ses membres, qui se font des concessions mutuelles et s'engagent à se soutenir dans les limites d'un plan convenu : un socialiste ne peut entrer dans un ministère qu'en laissant à la porte son socialisme, n'y introduisant en contrebande que les réformes les plus inoffensives à l'ordre capitaliste ; et par contre il s'engage moralement, si non positivement, à défendre les mesures les plus nécessaires au maintien de l'exploitation capitaliste.

Les indépendants qui, intentionnellement ou inconsciemment, confondent les choses les plus dissemblables, disent que comme dans les élections il y a souvent entente entre le candidat socialiste et les partis bourgeois, il y a intérêt que cette entente continue dans un ministère.

Une entente électorale est un traité fait pour obtenir un résultat déterminé ; l'élection faite, la trêve est rompue et la lutte recommence. Aux élections de 1893, il y eut, au second tour, entente entre mon comité socialiste de Lille et le comité radical de Tourcoing, qui soutenait M. Dron : ce dernier s'engageait à faire voter les radicaux de Lille pour le candidat socialiste, à condition que le Parti ouvrier de Tourcoing reportat ses voix sur le candidat radical. Le pacte fut conclu : les socialistes furent roulés ; ils firent élire M. Dron, et les radicaux de Lille s'abstinrent ou votèrent pour le candidat clérical. Le lendemain des élections, M. Dron continua à desservir les ouvriers et je repris ma propagande contre le capital que, d'ailleurs, je n'avais pas suspendue.

Où donc est la compromission, qui nécessairement, existe dans la formation de tout cabinet ministériel ? Le socialiste élu avec l'appoint des voix bourgeoises ne s'est pas engagé à servir les intérêts capitalistes ; le socialiste ministre concourt pour sa part, petite ou grande, directe ou indirecte, à la bonne exécution des mesures que prend le Conseil des ministres, non pour développer le socialisme, mais pour avancer les affaires du Capital.

Le parti socialiste en autorisant son groupe à la Chambre à fournir des ministres lui inoculera la gangrène parlementaire. Les partis politiques du palais Bourbon sont divisés en une infinité de groupes et de sous-groupes, menés par un ou plusieurs chefs ministrables : dès qu'une crise ministérielle est ouverte, les groupes s'agitent et les couloirs du Palais-Bourbon bourdonnent d'intrigues et de marchandages, Chaque groupe selon son importance réclame un ou plusieurs portefeuilles ; car dès que son meneur est casé, il récompense par mille faveurs les fidèles qui l'ont si bien servi.

Le groupe socialiste de la Chambre s'est tenu jusqu'ici en dehors de ces sales et obscures intrigues ; mais dès qu'il fournira des ministrables, il sera forcément entraîné à prendre part aux tripotages des marchandages parlementaires.

Je n'ai pas l'habitude de la faire à la vertu, comme les bonshommes de la Justice éternelle, car je sais que la corruption est un des plus puissants agents du progrès social ; mais un parti de lutte de classe doit mettre autant que possible ses chefs à l'abri de la corruption des adversaires.

Dès l'instant que le parti socialiste cesse d'être un parti d'opposition irréductible, il déserte le terrain de la lutte de classe pour devenir un parti parlementaire : son rôle révolutionnaire est fini.

III

Le Socialisme et les Indépendants

L'histoire est là pour prouver qu'une classe opprimée ne s'émancipe pas par ses seules forces, mais qu'il arrive un moment où elle attire à elle les esprits généreux et les déclassés de la classe régnante ; ceux-ci, en prenant place dans ses rangs, cherchent la satisfaction de leurs sentiments et la réalisation de leurs aspirations idéales et de leurs ambitions. Beaucoup de nobles, au siècle dernier, participèrent au mouvement intellectuel qui préparait les têtes pour la révolution approchante; beaucoup aussi se lancèrent dans la tourmente révolutionnaire et ils furent parmi les plus résolus et les plus clairvoyants.

Le socialisme, qui ne se recrutait que dans les milieux ouvriers, et qui ne comptait parmi ses adeptes que quelques rares fils de la bourgeoisie, venus à lui par conviction scientifique et entraînement révolutionnaire, commence à attirer à lui, dans les pays où il s'est le plus développé, un grand nombre de bourgeois. Ce moment est critique, car ces nouvelles recrues sont destinées à engendrer des conflits dans le sein du parti socialiste.

Il y a quelques années, les journaux réactionnaires d'Allemagne annonçaient, avec joie, une crise dans le parti socialiste allemand qui, jusque là, avait étonné le monde par l'unité de sa doctrine et de sa tactique, et par sa forte organisation que le victorieux Bismarck n'avait pu ébranler : ils prédisaient la dislocation et la ruine du parti. La presse bourgeoise des autres pays s'empressait de reproduire cette bonne nouvelle. Il n'y avait pas crise dans le parti socialiste, mais conflit entre les socialistes et les nouvelles recrues qui leur arrivaient des universités et des milieux bourgeois, après que l'empereur Guillaume eut levé le petit état de siège et eut aboli les lois répressives de Bismarck. Les nouveaux venus avaient été accueillis comme des frères d'armes, bien qu'ils n'eussent jamais combattu et qu'ils eussent attendu la fin de la période de persécution bismarkienne pour sortir leur socialisme. Mais au lieu de prendre place dans les rangs, ils tranchèrent du maitre : ils émirent la prétention de régenter le parti, de reformer sa tactique et de lui imposer de nouvelles théories ; plusieurs d'entre eux voulurent en faire une annexe de la libre pensée bourgeoise et remplacer la guerre contre le capital par la guerre contre Dieu. Ils attaquèrent Bebel, Liebknecht et les vétérans qui avaient fondé le parti ; ils les traitèrent de ganaches, de pilotes de bateaux à fonds plats, incapables de tenir le gouvernail des gigantesques steamers du socialisme élargi et transformé. Les bourgeois jubilaient ; ils criaient à tue-tête la crise du Parti et prédisaient la fin du socialisme.

Quand les bourgeois eurent perdu la voix à force d'annoncer la désorganisation du Parti qui ne s'en portait pas plus mal, les jeunes docteurs, que le tapage journalistique ne soutenait plus, se lassèrent et rentrèrent dans leur coquilles; cependant quelques-uns, revenus de leurs prétentions directrices et réformatrices, acceptèrent franchement les théories, la discipline et la tactique lentement élaborées par les Congrès du Parti.

***

Un pays montrant, selon le mot de Marx, aux pays qui le suivent sur l'échelle sociale, l'image de leur propre avenir, le socialisme français devait fatalement passer par les même épreuves.

Dès que notre propagande eut commencé à porter des fruits et à remuer les masses ouvrières, les radicaux comprirent que le socialisme était une excellente amorce pour pêcher les électeurs : ils s'intitulèrent radicaux-socialistes et se mirent en périodes électorales des faux nez socialistes. Le clergé catholique, qui sait si supérieurement exploiter la bêtise humaine, voulut ajouter le socialisme à son arsenal de tromperies populaires. Les prêtres, sous l'habile impulsion de Léon XIII, dit « le pape des ouvriers », inventèrent le socialisme chrétien et essayèrent d'organiser un parti qui se recruterait dans les milieux ouvriers et que dirigeraient, sous la surveillance des évêques, les Naudet, les Garnier et autres abbés besogneux et brulés d'ambition. Les radicaux et les cléricaux échouèrent dans leurs tentatives de captation ouvrière. L'agitation des calotins n'ayant abouti qu'à augmenter l'intensité de la propagande socialiste, les évêques, piteux de leur déconfiture, se décidèrent à remiser leurs petits abbés et à entonner le *De Profundis* du socialisme chrétien.

La venue de Jaurès au socialisme marque une date importante dans notre mouvement : Son titre de professeur de philosophie, son extraordinaire éloquence et la forme nouvelle qu'il imprima à la propagande firent pénétrer le socialisme dans les centres universitaires et dans les milieux bourgeois, que notre action n'avait pu entamer Les génies. couvés par l'Ecole normale et l'élite intellectuelle de la bourgeoisie, arrivèrent alors à se faire une idée du socialisme un peu moins imbécile que celle dont ils s'étaient contentés jusque-là. Un grand nombre d'entre eux cherchèrent une carrière dans le socialisme. D'un autre côté, la ruine du parti radical, après l'aventure boulangiste, avait jeté sur le pavé politique une foule d'arrivistes, le nez au vent, pour découvrir un chemin de Damas. Millerand arriva fort à propos avec son programme de Saint-Mandé.

Les trois articles de ce programme, qui devait devenir le *credo* de ces recrues bourgeoises, avaient été habilement concoctés pour rester vagues et élastiques avec une apparence socialiste, afin de permettre tous les sous-entendus et échappatoires.

L'entente internationale des travailleurs pouvait passer pour une reproduction de la « fraternité des peuples » des révolutionnaires bourgeois de 1789. — La socialisation de la propriété capitaliste pouvait ne signifier que son rachat par l'Etat qui, en France comme dans les autres pays, pratique ce genre de socialisation. — La conquête des pouvoirs politiques pouvait vouloir dire entrée dans les ministères bourgeois et autres situations gouvernementales.

Cependant, quand l'Evangile de Saint-Mandé fut promulgué, il amena une scission parmi les radicaux qui se groupaient autour de Millerand, mais quand ils eurent interprété bourgeoisement son sens mystique, ils revinrent de leur premier effarement et se rallièrent à la foi nouvelle avec d'autant plus d'entrain qu'on ne leur demandait pas d'abandonner leurs habitudes anarchiques et de s'enrôler dans une organisation quelconque, ayant une discipline et une tactique. Ils restèrent indépendants, ne relevant que de leur conscience et de leur ambition et n'ayant pour unique principe que : chacun pour soi et le socialisme pour tous. Ni Jaurès, ni Millerand, ni personne, ne songea à les grouper, à les organiser, persuadés qu'on était qu'aucun d'eux ne voudrait sacrifier sa liberté chérie et courber sa fière conscience sous la grossière volonté du nombre : plutôt la mort que le caporalisme prussien d'une organisation socialiste.

Les indépendants ont une horreur si profonde pour toute organisation qu'ils ne songent qu'à détruire celles qui existent, que la *Petite République* appelle dédaigneusement des « parlotes parisiennes ». « Emancipons-nous, s'écrie fièrement Gérault-Richard, de l'obéissance passive et du mutisme religieux de ces chapelles ». Effaçons l'œuvre des congrès socialistes, déchirons ces programmes inutiles et ennuyeux, abandonnons cette tactique gênante, élaborée par des milliers de militants, reconquérons pour tous et pour chacun la liberté d'agir à sa guise, sous sa responsabilité personnelle, comme Millerand.

Les Indépendants qui viennent de l'Université se croient autorisés, de par leur ignorance des phénomènes économiques et sociaux, à bouleverser les théories du socialisme : les uns traitent de conception simpliste la lutte des classes, les autres nient la concentration du capital, qui se dissémine au contraire par les sociétés anonymes ; d'autres affirment avec chiffres à l'appui que la situation ouvrière s'améliore, et que les travailleurs voient croître leur part dans le profit tandis que les pauvres rentiers assistent, le désespoir au cœur, à la décroissance constante de l'intérêt de l'argent qui, bientôt, arrivera à zéro, etc. Ces doctissimes docteurs qui, bénévolement, s'imposent la dure tâche de réformer le socialisme et de décrasser les ouvriers de leur épaisse ignorance, ne s'aperçoivent pas qu'ils ressassent les vieilles objections de l'Eglise économique, réfutées depuis longtemps par les socialistes.

D'autres indépendants, pour qui le socialisme est affaire de sentiment et non de science, se cuisinent, chacun à la mesure de sa philanthropie, un socialisme de fantaisie. Bien malin serait celui qui pourrait définir le socialisme de ces indépendants. Fournière est, sans contredit, un des représentants les plus flambarts du socialisme indépendant, sentimental, artistique, justiciard et intégral et on est en droit de se demander en quoi consiste son socialisme multicolore quand on lit le roman utopique qu'il publie dans la *Revue Socialiste*.

Il nous transporte en l'an 1999 ; la révolution sociale est faite, l'idéal socialiste de Fournière est réalisé. Que trouvons-nous au seuil du monde imaginaire qu'il décrit avec amour ? Des propriétaires, des voleurs, des travailleurs vivant de salaires, des magistrats, des policiers! La maison d'infamie, qui s'appelle le Palais de Justice, que la révolution sociale démolira et transformera en étable à cochons, n'est pas fermée ; les codes de l'iniquité, que l'on nomme les codes de la Justice bourgeoise, que la révolution livrera aux flammes, comme les paysans ont fait flamber les titres de propriété des seigneurs, ne sont pas déchirés, supprimés dans le monde idéal de Fournière. Le Palais de Justice est debout et les codes de Justice continuent à fonctionner pour le malheur des hommes de 1999. Rien n'est changé, si ce n'est que les magistrats sont moins inhumains, les policiers moins brutaux et les automobiles plus nombreux ; je me trompe, il y a un changement important, le boulevard Saint-Michel a perdu son nom sanctifié, il s'appelle boulevard de Cluny. C'est ainsi que les radicaux du Conseil municipal consacraient leur énergie intellectuelle à débaptiser les rues de Paris.

Il est naturel que les indépendants qui ont du socialisme des notions si indépendantes de toute connaissance du mouvement économique et social, aient sur la conduite politique du parti des idées toutes aussi personnelles. L'entrée de Millerand dans le ministère Waldeck-Rousseau qui pouvait être considéré comme un fait exceptionnel imposé par des circonstances exceptionnelles, devient pour eux le point de départ d'une tactique nouvelle en absolue contradiction avec celle suivie jusqu'ici par le Socialisme dans les pays où il s'est formé en parti de lutte. Le Socialisme au lieu de rester sur le terrain politique un parti d'opposition irréductible, représentant l'antagonisme irréductible des salariés et des capitalistes sur le terrain économique, doit se transformer en un parti s'entendant avec les représentants parlementaires du capital pour partager le pouvoir et pour adoucir et supprimer dans la sphère politique la lutte de classes qui continuerait à sévir dans le domaine économique. Les Indépendants, du moins beaucoup d'entre eux, pensant que les antagonismes économiques peuvent se résoudre à l'amiable par la participation aux bénéfices, la coopération de production, le crédit gratuit et autres semblables cataplasmes philanthropiques, devaient nécessairement paver la route à cette bienheureuse entente par un juste partage du pouvoir.

Le manifeste des trois organisations socialistes, qui n'a pas causé de crise dans le parti socialiste, mais qui a fait éclater au grand jour les conflits qui existaient à l'état latent entre socialistes et indépendants, en dénonçant la déviation que l'on voulait imprimer à la conduite politique du Socialisme, a mis en garde les travailleurs sur les désastreuses conséquences qu'elle entraînerait. Le manifeste a sonné le clairon d'alarme et les socialistes rallient de tous côtés le drapeau de la politique de classe et plus unis que jamais ils maintiendront au Congrès général la tactique du Socialisme international.

www.ingramcontent.com/pod-product-compliance
Ingram Content Group UK Ltd.
Pitfield, Milton Keynes, MK11 3LW, UK
UKHW020947220726
13924UKWH00002B/536